Kauderwelsch
Band 29

Reise Know-How
im Internet
www.reise-know-how.de

Aktuelle Reisetipps und Neuigkeiten, Ergänzungen nach Redaktionsschluss, Büchershop und Sonderangebote rund ums Reisen

Der
Reise Know-How Verlag
Peter Rump GmbH
ist Mitglied der
Verlagsgruppe Reise Know-How

Kauderwelsch

Anette Linnemann
&
Renate Georgi-Wask

American Slang

das andere Englisch

Impressum

Anette Linnemann & Renate Georgi-Wask
American Slang – das andere Englisch
erschienen im
REISE KNOW-HOW Verlag Peter Rump GmbH
Osnabrücker Str. 79, D-33649 Bielefeld

12. Auflage 2001

Bearbeitung & Gestaltung Peter Rump
Umschlag Günter Pawlak, FaktorZwo, Bielefeld
Illustrationen Stefan Theurer
Umschlagsfotos Dan Sias (Cover); Luise Rhades (hinten)
Druck und Bindung Fuldaer Verlagsagentur, Fulda

ISBN 3-89416-043-8
Printed in Germany

Dieses Buch ist erhältlich in jeder Buchhandlung der BRD, Österreichs, der Schweiz und der Benelux. Bitte informieren Sie Ihren Buchhändler über folgende Bezugsadressen:
BRD Prolit GmbH, Postfach 9, 35461 Fernwald (Annerod)
sowie alle Barsortimente
Schweiz AVA-buch 2000, Postfach 27, CH-8910 Affoltern
Österreich Mohr Morawa Buchvertrieb GmbH
Sulzengasse 2, A-1230 Wien
Benelux Assimil Benelux, 13 rue du Congrès, B-1000 Bruxelles

Wer im Buchhandel kein Glück hat, bekommt unsere Bücher auch direkt bei: **Rump Direktversand**, Heidekampstraße 18, D-49809 Lingen oder im Internet: **www.reise-know-how.de**
Zu diesem Buch ist ein **Tonträger** erhältlich, ebenfalls in jeder Buchhandlung der BRD, Österreichs, der Schweiz und der Benelux.
Der Verlag baut die **Reihe Kauderwelsch** weiter aus und **sucht Autoren** für neue Slangtitel, Dialekte oder Sprachen.

Kauderwelsch-Slang-Führer sind anders!

Warum? Sie sind bestens mit der Landessprache vertraut und verstehen trotzdem nur die Hälfte, wenn Sie mit den Menschen vor Ort so richtig ins Gespräch kommen?

Gerade wenn Sie sich in der „Szene" bewegen oder Menschen in ihrem ganz normalen Alltag antreffen, wie auf der Straße ansprechen, mit ihnen ein Bier in der Kneipe trinken, ist deren Sprachgebrauch Meilen entfernt von der offiziell verwendeten Hochsprache in den Medien und den Bildungsinstituten.

Man bedient sich der **lockeren Umgangssprache** und vieler **modischer Slangbegriffe**, die oft nicht einmal die gesamte Bevölkerung versteht, sondern nur bestimmte Altersschichten, eingeschworene Szenemitglieder oder Randgruppen.

Die meisten Slangausdrücke haben eine kurze Lebensdauer und finden nie den Weg in das Lexikon. **Slang ist vergänglich.** Aber es bringt die nötige Würze in das sonst zu dröge daherkommende, in der Hochsprache geführte Gespräch.

Die wahre Vielfalt einer Sprache liegt in diesem lebendigen Mischmasch von Hochsprache, Umgangssprache und Slang. In diesem bunten Mix spiegeln sich **Lebensart, Lebensgefühl** und **Lebensphilosophie** der Menschen vor Ort.

Da die Umgangssprache eher gesprochen als geschrieben wird und es für deren Schreibweise keine festen Regeln gibt, werden Sie immer wieder auf unterschiedliche Schreibweisen der Slangworte stoßen, wenn Sie diese denn einmal geschrieben sehen.

Die AutorInnen werden Sie immer wieder zum schmunzeln bringen und Ihnen gekonnt Mentalität und Lebensgefühl des jeweiligen Sprachraumes vermitteln. Es werden Wörter, Sätze und Ausdrücke des Alltags aus der Kneipe und dem Arbeitsleben, die Sprache der Szene und der Straße erklärt. Im Anhang sind diese in 1000 Stichworten geordnet, damit Sie die täglich gehörten Begriffe und Wendungen finden können, die bisher kaum in Wörterbüchern aufgeführt sind.

Inhalt

Einleitung

Konversation

Anhang

GO FOR IT!

Vorwort

Liebe Leser, bei der Lektüre dieses Buches bitten wir Sie, Folgendes zu bedenken: Es ist selbstverständlich, dass die Ausdrücke in diesem Buch nichts mit unserer Einstellung zu tun haben. Das gilt besonders für Schimpfwörter und beleidigende Ausdrücke. Es liegt ausdrücklich nicht in unserer Absicht, dass die aufgeführten diskriminierenden Ausdrücke verwendet oder verbreitet werden. Wir haben sie aufgelistet, weil es sein kann, dass man ihnen begegnet (in Filmen, Büchern oder auf der Straße), und verstehen sollte man, was man hört. Diese Sammlung ist nicht vollständig.

Nun aber ein paar Worte zur Entstehung dieses Bändchens. Der Anstoß, dieses Buch zu schreiben, war im wahrsten Sinne des Wortes ein „bi-lateraler“: Ich, Renate Georgi-Wask, unterrichtete in Bielefeld Englisch und es geschah, dass Anette, eine junge Amerikanerin, an unsere Schule kam, um hier ein Lehrpraktikum zu absolvieren. Sie wollte in den Staaten Deutsch unterrichten. Sie sprach sehr gut Deutsch, und wir freundeten uns schnell an. Natürlich unternahmen wir viel zusammen, und schnell waren meine Bekannten ihre Bekannten geworden.

Nach der ersten gemeinsamen Party gestand sie mir, kaum etwas von dem verstanden zu haben, was ihr da so alles erzählt worden war. Und das, obwohl sie hervorragend Deutsch sprach. Eines der Wörter, mit denen sie am meisten Schwierigkeiten hatte, war der Ausdruck „aufgemotzt", und ich hatte einige Schwierigkeiten, ihr zu erklären, was das bedeutet. Als ich es geschafft hatte, meinte sie: „Ach so, du meinst **souped-up**, warum sagst du das nicht gleich?" Tja, hätte ich, wenn ich diesen Ausdruck gekannt hätte.

So kamen wir, nachdem wir alle möglichen Umgangs-Wörter der jeweils anderen Sprache ausgetauscht hatten, zu dem Entschluss, diese Slang-Sammlung zusammenzustellen. Denn, und das ist uns beiden klar geworden, mit dem, was wir in der Schule gelernt hatten, konnten wir uns zwar unterhalten, aber genau verstehen taten wir uns nicht immer.

Wer in Amerika in lockeren Kontakt zu den Menschen kommt, wird viele der in diesem Buch aufgeführten nicht immer sehr feinen Ausdrücke hören und mit einigem Einfühlungsvermögen bald den einen oder anderen selbst anbringen können. Und die gleiche Sprache zu sprechen, heißt schließlich, sich besser zu verstehen. Und mehr soll dieses Büchlein nicht erreichen.

Go for it! And have a hell of a time!

Anette Linnemann & Renate Georgi-Wask

Readers, We ask you to keep in mind that this compilation of words does not reflect the view of the authors. This should be self-evident. It is not our intention to promote the usage of and/or continuation of societal, racial and ethnic slurs, and we regret the need for their inclusion. In fact, we prefer they didn't exist at all! We merely note them because they are part of American slang and because the German traveler is likely to come across them in movies, novels and other everyday situations. Please consult the publisher's address for additions, comments, etc.

Hinweise zur Benutzung

Unsere Wort- und Phrasensammlung könnte man grob in zwei Teile gliedern:

Es geht los mit typisch amerikanischen Ausdrücken, die Ihnen in bestimmten Situationen begegnen, z.B. im Kaufhaus, im Fernsehen etc. Das sind nicht immer Slang-Ausdrücke.

Im zweiten Teil geht es dann um die echte Umgangssprache. Wiederum grob nach Situationen sortiert, aber Überschneidungen ließen sich nicht vermeiden. Zu diesem 2. Teil möchten wir einiges anmerken. Wissenschaftlich gesehen ist Slang eine „Low-Level-Sprache", die von unteren sozialen Schichten ausschließlich gesprochen wird, da ihnen die „Hochsprache" nicht geläufig ist. Wir verstehen Slang anders, und zwar als die Sprache, die von den Leuten im alltäglichen Leben gesprochen wird, wenn man nicht auf Etikette achten muss. Da wimmelt es von „Spezialausdrücken" und „unfeinen" Wörtern.

Wir verstehen slang *als die Sprache, die von den Leuten im alltäglichen Leben gesprochen wird, wenn man nicht auf die Etikette achten muss.*

Gerade bei letzteren ist es nötig, recht genau zu differenzieren. Auch bei uns kann ja z.B. das Wort „Scheißkerl" je nach Situation und angesprochener Person mal durchaus freundlich, mal höchst beleidigend sein. Auch werden sich zwei Männer an der Theke anderer Ausdrücke für Frauen bedienen, als wenn eine Frau dabei zuhört.

*Völlig vulgäre Ausdrücke sind im Buch immer durch ein * gekennzeichnet, damit Sie beurteilen können, ob Sie diesen Ausdruck selbst aktiv verwenden wollen oder könnten.*

Wir haben stets versucht, die deutsche Übersetzung der Ausdrücke auf dem gleichen Sprachlevel zu halten. Trotzdem ist bei der Anwendung Vorsicht geboten. Völlig vulgäre Ausdrücke sind im Buch immer durch ein * gekennzeichnet, damit Sie beurteilen können, ob Sie diesen Ausdruck selbst aktiv verwenden wollen oder könnten. Abwertende Ausdrücke und Beleidigungen sind sowieso nicht zum Gebrauch, sondern lediglich zum Verstehen aufgeführt.

Im Anhang des Buches sind alle Ausdrücke dieses Buches noch einmal stichwortartig und alfabetisch geordnet aufgelistet. Die Seitenzahl dahinter gibt an, wo das Wort erwähnt wird und demnach auch die Übersetzung steht. Hört man zum Beispiel den Ausdruck **life is a bitch** findet man unter **bitch** die entsprechende Seite.

Whatchamacallit?

Ver- & Abkürzungen

Die Amerikaner, die lässiger mit der Sprache umgehen als z.B. die Engländer, haben eine große Anzahl von Verkürzungen und neu zusammengestellten Wörtern erfunden. Für jemanden, der Englisch nur in der Schule gelernt hat, sind diese Ausdrücke teilweise recht schwierig zu entschlüsseln. Natürlich kommen diese Ausdrücke nur unter Freunden oder in der Werbesprache vor. So schreibt man oft nur noch **u** wenn man **you** meint, oder **X-mas** für **Christmas**. Es sind hauptsächlich schriftliche Verkürzungen des Lautes. Man sieht auch **2** für **to** oder auch **too**, z.B. **2nite** für **tonight**, oder eine weitere Zahl, als Ersatz für ein gleichlautendes Wort:

Room 4 rent
was nichts anderes bedeutet als
Room for rent.

Eine andere verbreitete Art der Verballhornung sieht so aus: Endungen, die eigentlich an bestimmte Wortarten gehören, werden auch an andere gehängt: z.B. die Endung **-ish**. Die gehört normalerweise an ein Adjektiv, um aus **green** (grün) **greenish** (grünlich) zu machen. Amerikaner sagen aber auch:

sevenish = ungefähr 7

Von solchen „Wortschöpfungen" gibt es viele. Wenn einem das System klar ist, erkennt man leicht, was gemeint ist.

Und dann wird der Amerikareisende natürlich noch mit den Sprachverkürzungen konfrontiert werden. Besonders in Comics wird diese Sprache auch geschrieben und gibt dem unvorbereiteten Leser einige Nüsse zum Knacken.

Whatchamacallit?

Liste der häufigsten Ausdrücke

nein	**nope**	*no*
ja	**yep/yup**	*yes*
gib mir	**gimme**	*give me*
habe, muss	**gotta**	*have got a/to*
eine Menge	**lotta**	*lot of*
ziemlich, so 'ne Art	**sorta/kinda**	*sort of/kind of*
ziemlich niedlich	**kinda cute**	*kind of cute*
was wirst du ...	**watcha ...**	*what are you ...*
ich werde ...	**gonna ...**	*going to*
ich will ...	**wanna ...**	*want to*
hast du ...?	**didja ...**	*did you?*
würdest du ...?	**wouldja**	*would you*
Ich verstehe. Hab' dich!	**gotcha**	*I've got you*
ist/bin nicht	**ain't**	*isn't, am not*
weil	**cuz**	*because*
unsicher	**iffy**	*if*
Was willst du?	**whatdja want?**	*What do you want?*
Kühlschrank	**fridge**	*refrigerator*
Bruder, Schwester	**bro, sis**	*brother, sister*
Großmutter	**gramma**	*grandmother*
Großvater, Großeltern	**gramps**	*grandfather*
Mutter	**mom**	*mother*
Vater	**dad**	*father*
Cousin	**cuz**	*cousin*

I'm iffy about it. Ich bin mir nicht sicher.
Whatchamacallit? Wie heißt es noch?
Whatshisname? Wie heißt er noch gleich?
Whatshisface? Der Dingsbums, wie heißt der noch?

Und zum Schluss noch einige, häufig gebrauchte und allgemein benutzte „echte" Abkürzungen:

BBQ	**Barbecue**
A.Y.C.E.	**All you can eat.** steht auf Reklametafeln für diese Art von Restaurants
B.Y.O.B.	**Bring your own beer/booze.** steht auf Party-Einladungen
T.G.I.F.	**Thank God it's Friday** Endlich ist Wochenende!
R.S.V.P.	**Call if you can/can't make it.** eigtl. Französisch: *répondez, s'il vous plaît*

Cruisin' USA

Unterwegs in den Staaten

Das Auto ist des Amerikaners liebstes Kind. Wen wundert's, dass das Straßennetz entschieden besser ausgebaut ist als das Eisenbahnsystem.

Auf **high-** und **freeways** (Autobahnen) erreicht man jeden Ort der Staaten, wenn auch etwas langsamer als in der BRD. **To move at a good clip** (schnell fahren) hat in den Staaten seine Grenzen. Wer „mit Bleifuß" **lead foot - Floor it!** „Gib Vollgas!" - fährt, darf sich nicht wundern, wenn ihn ein mehr oder weniger freundlicher **cop** (Polizist) dazu zwingt, auf die Bremse zu treten **(to slam on the brakes)**. Wenn man dann noch immer nicht langsam genug war, ist damit zu rechnen, dass man gebeten wird, mal 'ran zu fahren **(to pull over)** und wenn man ein **ticket** (Strafzettel) bekommt, kann man sagen: **I got busted!**

55 mph entspricht 90 km/h, das oberste Limit beim Schnellfahren.

morsing ist ein besonders brutaler Fahrstil im Stadtverkehr: ein Fuß auf dem Gas, den anderen auf der Bremse.

On the road

interstate (*Abk.:* I)	Autobahn
intersection, crossing	Straßenkreuzung
shortcut	Abkürzung
yield	Vorfahrt achten!
Step on it!	Gib Gas!

to honk the horn	hupen
registration	Fahrzeugschein
title (pink slip)	Fahrzeugbrief, auch genannt „rosa Wisch"
driver's license	Führerschein
hang a right/left	rechts/links abbiegen
Buckle up!	Anschnallen!
merge	Fahrspur endet, einfädeln!
no U-turn	Wenden verboten!

to run out of gas

bedeutet soviel wie „kein Benzin mehr haben". Also ab zur nächsten **gas station** (Tankstelle). Mit **garage** bzw. **repair shop** bezeichnet man eine Werkstatt. Da an einer SB-Tankstelle alles eher wortlos abläuft, hier die wichtigen Redewendungen für die alten Tankstellen mit **full-serve** (Bedienung):

Fill 'er up.	Volltanken, bitte.
Ten dollars' worth.	Für zehn Dollar.
(unleaded) gas	(bleifreies) Benzin
mini-serve	SB-Tankstelle nur für Benzin

to hitch a ride oder **to thumb a ride** bedeutet so viel wie trampen. Man gute Chancen, wenn man als **hitch-hiker** nicht gar zu „verwegen" aussieht.

thumb = *Daumen*

Leider macht sich in letzter Zeit in den Staaten immer mehr Skepsis gegenüber Trampern breit: Man hat Angst, ausgeraubt zu werden.

to hit the road	losfahren
to give s.o. a ride/lift	jdn. mitnehmen

Where are you headed?
Wo fahren Sie hin?

Where do you wanna be dropped off?
Wo wollen Sie raus?

to ride shotgun heißt, auf dem Beifahrersitz mitfahren. Früher machte man das wohl mit dem Gewehr. **backseat driver** nennt man einen, der als Beifahrer alles besser weiß.

my wheels, my rod	meine „Mühle“
station wagon	Kombi
sedan	Viertürer
(stretch) limo	(extra lange) Limousine
hatch back	Klapptür hinten (beim Kombi)

a low rider	bequemes Stadtauto mit Hydraulik
convertible	Kabrio
hard top	Kabriodach (hart)
rag top	Kabriodach (weich)
sun roof	Schiebedach
a classic	Auto aus den 50ern oder älter
a hot rod	„heiße Rute", Nachbau aus den 50ern
gas guzzler	Benzinschlucker
van	Transporter
bus, VW van	VW-Bulli
bomb, lemon, old clunker	alter Straßenkreuzer
designated driver	derjenige, der fährt und nichts trinken darf
wheel sucker	einer, der am Lenkrad saugt, weil er so dicht dran sitzt
tailgater	Windschattenfahrer

Die kleinen LKW's mit der langen Schnauze, wo der Motor drin ist, heißen **truck**, die offenen Lastautos heißen **pick-up (truck)**, und **to truck** ist transportieren. Die großen, modernen LKW's werden **truck**, oft aber auch **semi** genannt, weil sie aus dieser wie abgeschnitten wirkenden Kabine mit Motor und einem Container oder Anhänger **(trailer)** bestehen. Die Fahrer dieser chromglänzenden **highway monster** sind die berühmten **trucker**.

to truck *hieß ursprünglich „tauschen, handeln", und der* truck *war das Gefährt, mit dem der Farmer sein Gemüse zum Markt fuhr.*

Greyhound & Trailways

heißen die bekanntesten Überlandbusse. Sie verbinden zwar alle großen Städte, aber nicht alles, was für den Touristen interessant ist.

Übrigens: Ein jaywalker *ist jemand, der bei Rot über die Straße geht bzw. zwischen zwei Ampeln die Straße überquert.*

bus fare	Fahrpreis
transfer ticket	Umsteigeticket
to transfer	umsteigen
ticket window	Fahrkartenschalter
round trip ticket	Rückfahrkarte
window seat	Fenstersitz
aisle seat	Sitz am Mittelgang
coach	Reisebus
Now boarding!	Alles einsteigen!
cab, yellow cab	Taxi (immer hinten sitzen, 15-20% Trinkgeld geben!)
to hail a cab	„Hallo Taxi!“ rufen

token *heißt sonst auch „Zeichen, Andenken“*

Bei der New Yorker **subway** kauft man sich keine Fahrscheine, sondern **token**, das sind Münzen mit einem Loch in Form eines „Y“, die man vor Betreten der Bahnsteige in das Drehkreuz **(turnstile)** einwirft.

Ein Verkehrszeichen mit der Aufschrift **ped-Xing** bedeutet **pedestrian crossing** (Fußgängerüberweg); ein **thru-way (through way)** ist eine schnelle Verbindungsstraße.

Wer ganz auf Verkehrsmittel verzichten will, sollte es mit **hiking** (wandern, bergsteigen) versuchen. Schließlich gibt es in den USA noch jede Menge unberührte Landschaft. **to be on the hoof** heißt „zu Fuß unterwegs sein“.

Cash or Charge?

Money, money, money

„Money makes the world go round“ gilt in den USA mehr als sonstwo. Wobei Geld nicht unbedingt mit Bargeld **(cold hard cash)** gleichzusetzen ist.

„Cash or charge?“ *wird manim Laden gefragt: „Bargeld oder Kreditkarte?“*

bucks, buckoles	Dollars
the big bucks	das große Geld, ein reicher Typ
a grand / 2 Gs	ein Tausender / 2.000 Dollar
dough	Knete (eigentlich Teig)
moolah, dinero, bread, loot	Geld (Pinkepinke)
dollar bill	Dollar (Geldschein)
quarter	25-Cent-Stück
dime	10-Cent-Stück
nickel	5-Cent-Stück
penny	1-Cent-Stück
change	Kleingeld, Wechselgeld
cream	Schmiergeld
to cash a check	Scheck einlösen
to be loaded	viel Geld haben
to be broke	pleite sein
to get busted	pleite/blank sein; auch: eingelocht sein
easy money	leichtverdientes Geld
to be a leach	Schnorrer
to be tight	übermäßig sparsam bzw. geizig sein

to have cash on hand = *Bargeld dabei haben*

Susan B. Anthony Dollar *ist eine Münze, die einen Dollar wert ist (wird nicht mehr häufig benutzt)*

to bounce a check = *ungedeckten Scheck ausstellen*

to leach dollars off s.o. = *schnorren*

On a Food Run

Einkaufen

In den Supermärkten der Staaten geht es ähnlich hektisch zu wie bei uns. Nicht unwichtig ist es, die Schilder zu verstehen:

Nicht wundern: An der Kasse fragt man Sie vielleicht, ob Sie tickets *haben möchten. Die bekommen Sie umsonst und damit können Sie in dem Supermarkt z.B. an einer Lotterie teilnehmen oder wenn Sie eine bestimmte Anzahl gesammelt haben, bekommen Sie etwas umsonst oder billiger.*

generic products	Artikel, ohne Markenname
bulk food	offene, nicht abgepackte Waren,
hot-selling item	Artikel, der sich gut verkauft
window shopping	Schaufensterbummel
a good deal/bargain	gutes Geschäft, Schnäppchen
on sale	Sonderangebot
budget department	Billigabteilung
sale	Ausverkauf
savings	Ersparnisse
express lane	Extra-Kasse für Leute mit wenig Artikeln
8 items or less	weniger als 8 Teile
cash only	nur Bares, keine Schecks!
check-out	Kasse
register	Kasse

Während an der Kasse Ihre Ware registriert wird, packt meist ein **box boy** oder **box person** die gekauften Waren gleich in Tüten ein. Sehr praktisch!

3-item limit bedeutet, dass in die Umkleidekabine nicht mehr als drei Teile mit hineingenommen werden dürfen (wegen Diebstahl), denn:

Shoplifters will be prosecuted!
Ladendiebe werden angezeigt!

Geschäfte

drugstore	Drogerie, es gibt dort Medikamente, Kosmetik, Süßes, Kleidung, u.a.
convenience store	bekannte Kette: 7-11 (sprich: *seven eleven*); teure Lebensmittelläden, 24 Stunden geöffnet
deli	Feinkostladen in Großstädten, nicht teuer
hardware store	Eisenwarenhandlung
department store	Kaufhaus
The Mall	großes Einkaufszentrum mit Hunderten von Geschäften, Kinos und Restaurants außerhalb der Stadt
liquor store	Alkohol- und Getränkeladen, meist auch Lebensmittel
thrift shop, junk store	Second-Hand-Geschäft
mart	kleiner Supermarkt

Oft steht an delis *oder Restaurants* „kosher food“, *d.h. das Essen entspricht den Regeln des jüdischen Glaubens.*

Einkauf und Umtausch

s.th. = something
s.o. = someone

to return something	etw. zurückgeben
to exchange s.th.	etw. umtauschen
rebate	Geld-Rückerstattung
deposit	Flaschen-/Dosenpfand, Anzahlung, Kaution
proof of purchase	Kassenbon
receipt	Quittung
sales clerk	Verkäufer
salesperson	Verkaufspersonal
cashier	Kassierer
to go on a food run	einkaufen fahren
a rip-off	Beschiss, Schwindel
to wait/stand in line, to line up	Schlange stehen
billboard	Werbeplakat
tourist trap	Touristenfalle
returnable, refillable	Pfandflasche
recyclable	kann recycelt werden
sales tax	Mehrwertsteuer.

Die sales tax *ist nicht im ausgezeichneten Preis enthalten, sondern wird erst an der Kasse hinzugerechnet (außer z.B. in Oregon und Alaska).*

Shop 'til you drop!
Kauf bis zum Umfallen! (Kaufrausch)

Junk & Brunch

Rund ums Essen

Das Essen in den Staaten ist besser als sein Ruf. Abgesehen natürlich von dem, was als **junk food** (**junk** = Müll) bezeichnet wird und in den **fast-food**-Ketten à la McDonalds angeboten wird. **BFC** sagt man kurz und meint **burger, fries & coke. BLT** ist ein **sandwich with bacon, lettuce & tomato**. Im Osten und Mittelwesten werden Schnellrestaurants **diner** genannt, nicht verwechseln mit **dinner** (Hauptmahlzeit am Abend).

greasy spoon (schmieriger Löffel) nennt man billige, schmutzige Lokale. Unter **casual** oder **informal restaurant** versteht man ein einfaches, billiges Lokal.

to eat like a horse	schnell und viel essen
to pork/pig out	wie ein Schwein essen
chow *(sprich: tschau)*	Essen, Fraß, Futter
to chow down	mampfen, futtern
to gobble	gierig 'runterschlingen
to nibble	knabbern
with the works	mit allen Beilagen
combo ...	... mit vielen Beilagen
carry-out, to take out	zum Mitnehmen
munchies	Snacks

I got the munchies!

Ich habe einen Bärenhunger!

I'm stuffed!

Ich bin satt / vollgefressen!

In einem take-out restaurant *heißt es dann:*

For here or to go?
= *Zum hier Essen oder zum Mitnehmen?*

Oder telefonisch bestellt:
delivery or pick-up?
= *Liefern oder Selbstabholer?*

„Auf die Schnelle was essen oder trinken" will jemand, der von a quick pick-me-up *spricht. Oder er sagt:* Wanna grab a bite
= *sich einen Bissen grabschen.*

Fancy Restaurants

auch **classy restaurants** genannt, sind gute, teure Lokale. Hier sind einige Besonderheiten zu beachten:

„Please Wait for Hostess to Seat You" *steht oft am Eingang, manchmal auch* „Seat Yourself".

Man sucht sich nicht selbst einen Tisch, sondern überlässt das dem/der **host/hostess**, die sich mit der Frage **„Your name and the number of people in your party?"** nach der „Gruppenstärke" erkundigt und einem dann den entsprechenden Tisch zuweist. Wenn alles voll ist, muss man warten. Sich einfach an einen leeren Tisch zu setzen, wäre höchst unhöflich.

Oft bezahlt man nur eine Tasse Kaffee, alle weiteren Tassen sind umsonst. „May I have a refill?" *sagt man, wenn man mehr will.*

Die Bedienung erwartet ein Trinkgeld, **tip**, von etwa 15%. Wenn man nicht alles aufgegessen hat und es mit nach Hause nehmen möchte, sagt man ganz einfach: **„Could you wrap that, please!"**. Die Zeiten in denen man so tat, als sei es für den Hund **(doggie bag)**, sind vorbei.

2-4 (two-for = two for the price of one) *wird häufig bei Steaks angeboten: zwei zum Preis von einem.*

Die Speisekarte **(menu)** werden Sie verstehen, es gibt aber noch einige andere Besonderheiten: Die **salad Bar** ist eine Art Salat-Buffet zur Selbstbedienung. Es gibt auch **potato bars** und **soup bars**. Und dann gibt es noch **All You Can Eat** und bedeutet, dass man zu einem festgesetzten Preis soviel essen kann, wie man will.

Was ist was?

greens/tossed salad	Portion grüner Salat
hash browns	Mini-Reibekuchen
french fries	Pommes frites
poppey eggs, easy over	beidseitig gebratene Spiegeleier
sunny side up	einseitig gebratene Spiegeleier
tater tots	Kroketten
barbecue (BBQ)	Grillen
stew (chowder)	(Muschel)-Eintopf
water fountain	Trinkwasserfontäne stehen überall zum Durstlöschen bereit
soda	alle Limonaden
breakfast	Frühstück
lunch	Mittagessen
brunch (*breakfast +lunch*)	spätes Frühstück
supper, dinner	die größte Mahlzeit, meist Abends
cup o' mud	Tasse Kaffee (wörtl.: Tasse Matsch)
appetizer	Vorspeise
dessert	Nachtisch
a la carte	Portion ohne Beilage
a la mode	Nachtisch mit Eis, z.B. apple pie & Vanille-Eis
dill pickles	Gewürzgurken
veggies	Gemüse aller Art
bagel	Brötchen mit Loch in der Mitte

TV dinners *wie* chicken pot pies *u.a. sind in Folien eingeschweißte Mahlzeiten für Singles, die nur in der* microwave *auf gewärmt werden und dann vorm Fernseher gemampft werden.*

Sweet Tooth

heißt ein „Leckermäulchen“ (wörtl.: süßer Zahn), und Angehörige dieser Spezies haben in Amerika keine Versorgungsprobleme. Desserts sind in der Regel so süß, dass sich einem der Magen umdreht. Es gibt sogar einen Ausdruck für Leute, die zuviel Süßes gegessen haben. Die sind **sugar high** bzw. haben einen **sugar rush.**

Auf die Frage „Schmeckt's?“ kann man spontan antworten: Yuck! = *Eklig! oder :* Yummy! = *Lecker!*

ice cream cone	Eiswaffel
sundae	Eisbecher
topping	Soße/Extras auf dem Eisbecher
frozen yogurt	beliebte kalorienarme Eiscreme aus Jogurt
cookies	Plätzchen
candy bars	Sammelbezeichnung für alle Süßigkeitsriegel
donuts, doughnuts	Gebäck, ähnlich dem Berliner/Krapfen mit einem Loch in der Mitte
pie	gedeckter Obstkuchen

Wer Probleme hat mit der Verdauung (indigestion), *Blähungen hat* (to have gas) *oder Sodbrennen* (heartburn) *bekommt, braucht wohl ein paar Tabletten:* Rolaids, Tums, Maalox.

Wer sich nicht beherrschen kann, rülpst (to burp/belch).

Happy Hour / Open Mike

Durch Kneipen und Clubs

Wer in eine Kneipe oder einen Club gehen will, muss wissen, dass normalerweise beim Eintritt ein Nachweis über das Alter erbracht werden muss. Das vorgeschriebene Mindestalter variiert von Staat zu Staat zwischen 18 und 21. **I. D., proof of age** steht dann draußen an der Tür. Kontrollieren tut der **bouncer** (Rausschmeißer).

Jemand, der sich an der Tür einer Kneipe oder eines Clubs ausweisen musste, sagt: I got carded.

Was draußen steht

Singles' Bar	hauptsächlich für Singles
Happy Hour	Die „glückliche Stunde" dauert von 16-19:00 Uhr, die Drinks dann billiger: 241 = two for one (zwei Drinks zum Preis von einem)
Open Mike	„offenes Mikrophon", Abende, an denen jeder, der will, auftreten kann
Big Screen TV	Viele Clubs haben eine Leinwand für Videos und Sportübertragungen
Cover Charge	Eintritt
live music	Live-Musik

Wer einen Bekannten nach einer guten Kneipe oder gutem Club fragt, wo's richtig abgeht, fragt einfach nach einem **good place to go to**.

Whatja lookin' for

good tunes	gute Musik (zum Tanzen)
a jammin' place	ein toller Schuppen
a hangout	Kneipe
beach bar	Kneipe, wo man in Shorts und T-Shirt hingeht
beer joint	Kneipe, in der sich einfache Leute treffen.
honky tonk	auch eine Kneipe der einfachen Leute, aber in den Südstaaten
tavern	eine kleine Kneipe.
dump, hellhole, dive	nicht empfehlenswerte Spelunke
the main drag, strip	Vergnügungsviertel

Auf die Piste gehen

to stag it	alleine ausgehen
to hit the town	losziehen
to hang around, to hang out, to stick around	herumhängen, auch: bleiben
to cruise around, bar hopping	von Kneipe zu Kneipe ziehen
to head off, to take off	abhauen
to paint the town red	einen draufmachen
to party, to get a piece of action	sich amüsieren
to shake one's shirt	tanzen
to let loose	sich gehen lassen
to shoot pool	Poolbilliard spielen
stripes, solids	halbe/ganze Kugeln
deck of cards	Kartenspiel
to shuffle the deck	Karten mischen
bouncer	Rausschmeißer

Let's party!
= *Lasst uns einen trinken gehen!*

Let's cruise!/Let's ride!
= *Lasst uns weiterziehen!*

Let's get outta here!
= *Lasst uns gehen!*

Let's book!
= *Lasst uns abhauen!*

Wer im Club weder Karten noch Billiard spielen möchte, sondern jemanden aufreißen will, der findet in dem Kapitel „Dressed to Kill“ *das entsprechende Vokabular.*

zahlen

Verlangen Sie einfach nach der Rechnung **„Check, please.“** wenn Sie zahlen möchten. **to go dutch** bedeutet soviel wie „jeder bezahlt seinen Deckel“, so wie es Deutsche tun. Hingegen bedeutet **to pick up the tab** für alle zahlen, was man macht, wenn man die Runde ausgegeben hat: **This round is on me!**

Alkohol

In manchen Staaten (z.B. Kalifornien) ist es sogar verboten, Alkohol in Flaschen sichtbar bei sich zu tragen. Deshalb wird eine gekaufte Flasche in eine braune Tüte gesteckt.

Wie viele Bestimmungen in den USA ist auch das Alter, ab dem in der Öffentlichkeit Alkohol getrunken werden darf, von Staat zu Staat unterschiedlich. Es variiert zwischen 18 und 21 Jahren. Rund um den Alkoholkonsum gibt es natürlich eine Menge umgangssprachlicher Ausdrücke.

Bier

beer on tap	Bier vom Fass
a draught	Fassbier (sprich: *draft*)
keg, tap	Fass
I'll have a draught.	Ich möchte ein Fassbier.
mug	Bierkrug
beer by glass	Bier im Glas
beer can/bottle	Dosen/Flaschenbier
kegger	Bierfete, jeder bringt ein Fass mit
brew, brewsky	Bier (gebrautes)
ice-cold brew	eiskaltes Bier
L.A. *(less alcohol)*	alkoholarmes Bier
lite beer	kalorienarmes Bier
near beer	alkoholfreies Bier
to guzzle a beer	ein Bier hinunterkippen
to chug a beer	ein Bier mit einem Zug 'reinziehen
lush	Säufer
beer belly	Bierbauch

Schnaps & Co.

Eines der amerikanischen Wörter, die man leicht behält, ist das Wort für „einen Kurzen": **shot**. Zwei andere sind schwierig auseinanderzuhalten: **liquor** (sprich: „likr") heißt Alkohol, das Wort **liqueur** (sprich: „likjue") dagegen Likör. Umgangssprachlich heißt Alkohol einfach **booze**.

moonshine *heißt der selbstgebrannte Schnaps oder Whiskey. Das* moonshining *stammt noch aus der Zeit der Prohibition (bei Mondschein Schnaps brennen).*

boozing

brandy	Weinbrand
hard liquor	hartes Getränk (Schnaps)
a shot glass	Schnapsglas
a (straight) shot	nicht gemixter harter Drink, „Kurzer"
mixed drink, cocktail	Cocktail
with a twist	mit Zitrone

Um sich zuzuprosten, kann man je nach Kontext Folgendes sagen:

Down the hatch! = *Runter damit!*

Cheers! = *Prost!*

Bottom's up! = *Ex!*

Here's to you! / Here's looking at you! = *Auf dich!*

blended ...	mit gehacktem Eis (crushed ice)
to pound	Alkohol trinken
to wet the whistle	einen trinken (wörtl.: die Pfeife nass machen)
to sip	nippen
chaser	Kurzer nach dem Bier
red-eye, boiler maker	Whiskey nach dem Bier
schnap(p)s	süß, stark (z.B. Pfefferminzschnaps)
I'll have a shot of ...	Gib mir einen ...
to make a toast	auf jemanden trinken
It's on me!	Ich geb einen aus!
My treat!	Ich bin dran (mit Ausgeben)!
This round's on me!	Diese Runde geht auf mich!
Hit me!	Gib mir noch einen! (eigtl.: „Schlag mich!")
one for the road	einen auf den Weg
nightcap	Gute-Nacht-Schluck

Die Folgen

„He can really hold his liquor!" – Wer nämlich nicht trinken kann, ohne betrunken zu werden, wird mit einem der folgenden Ausdrücke Bekanntschaft machen:

to get/be ...
pissed, ripped, loaded, blitzed, drunk, buzzed, bombed, bent, shit-faced, smashed, trashed, wasted, pie-eyed, polluted, potted, tweaked, totalled, broken, mutilated, changed, shredded, blown, slaughtered, hammered, baked, plastered

He's gone blotto.
= *Der ist voll.*

Wer völlig übertreibt und aus den Latschen kippt, dem wird wohl der Ausdruck **to pass out** nicht mehr einfallen. Und wenn alles verloren ist, muss man sich übergeben:

to lose it, to do a technicolor yawn, to barf, to throw up, to ride the puke wagon, to blow one's cookies/chips/oats, to puke (one's guts out), to talk on the big white telephone, to pray to the porcelain god, to drive the porcelain bus

a waste case *ist einer, der dauerbreit ist, bei dem Hopfen und Malz verloren ist, der schon* under the wheels *ist, ein Alkoholiker nämlich.*

Am nächsten Morgen herrscht dann Katerstimmung:
to have a hangover, to be hungover

Spaced Out

Andere Drogen

In der Drogenszene kennen wir uns nicht besonders gut aus, hier trotzdem einige der verbreitetsten Ausdrücke. Unter anderem hört man sie häufig auch in Texten der Rock-Musik.

high sein **fucked up, doped up, gone, spaced (out), to be out of it, to be zoned, loaded, fried, wasted, faded, buzzed**

Drogenabhängige **junkie, head, dopehead, on the needle, cokefreak** (Kokain), **cracker** (von **crack**)

Drogen **pot, weed, hash, dope, grass, Mary Jane** (Haschisch, Marihuana)**, Angel Dust, Yellow Sunshine, acid** (LSD u.ä.), **horse** (Heroin), **coke** (Kokain)

How you do them & what they do to you

to have a monkey on one's back = *süchtig sein*

to do lines/rails / to snort coke/a line	Kokain sniffen
to shoot up	fixen
to smoke grass/ a joint/a bowl/ a Mary-Jane	Marihuana rauchen
to take a hit	sich einen reinziehen
to have a habit, to be hooked on	abhängig sein

bowl, pipe	Pfeife
water/turkish pipe	Wasserpfeife
bong	Art Pfeife
to do a doobie	Joint rauchen
overdose, „O. D."	Überdosis
paraphernalia	alles, was rund um Drogen verkauft wird
lid	Mengenmaß für Marihuana
finger-lid	eine kleine Menge Marihuana (passt zwischen zwei Finger)
4:20	Marihuana rauchen
I'm gonna go 4:20.	Höhepunkt des „high"-Seins

Die aufwändige Anti-Drogenkampagne von Ronald Reagan in den 80ern brachte einen TV-Spot, der folgende Redewendungen einführte. Ein seriöser Mann hielt ein Ei in der Hand und sagte: „This is your brain." (= *Das ist dein Gehirn.)* *Dann schlug er das Ei in eine Pfanne und sagte:* „This is your brain on drugs." *Zum Schluss hieß es:* „Just say 'no'." = *Sag einfach nein.*

To Take a Leak

Toilette & Co.

Amerikaner gehen nie zur **toilet**, sondern stets zum **men's** bzw. **ladies' room**. Zu Hause heißt es schlicht **bathroom**. Wer in einer Kneipe oder in einem Restaurant nach dem **restroom** fragt, wird ebenfalls zur Toilette geschickt. Das Wort **toilet** sollte man möglichst überhaupt nicht benutzen, man könnte es vielleicht mit unserem Wort „Lokus" übersetzen, und das klingt auch nicht gerade fein. Im prüden Amerika heißt die Frauentoilette oft immer noch **powder room**; deshalb sagen Frauen untereinander, aber auch Frauen zu Männern, wenn sie zur Toilette wollen: **I gotta go powder my nose.**

Unter Kollegen (vor allem Männern) sind auch folgende Ausdrükke gebräuchlich: **the can (Dose) oder the john.**

auf dem stillen Örtchen

to have gas
Blähungen haben

to fart, to break wind, to drop one
furzen

My backteeth are floating.
Ich muss dringend.

My eyeballs are turning yellow.
Ich muss mal.

to drain the vein/lizard
die Adern/Eidechse entwässern

I gotta drain the dragon.
Ich muss den Drachen ersäufen.

I gotta syphon the python.
Ich muss das Hähnchen würgen.

to hit the can
austreten gehen (unter Männern)

to pee, to piss, to tinkle, to piddle, to wee-wee
piseln, pinkeln, pissen

to take a leak/slash
pinkeln gehen

to shake hands with the admiral
(vom Boot) pinkeln (nur Männer)

I have to take a shit.
Ich muss mal eben scheißen gehen.

I have to drop a load.
Ich will mal eben einen abladen.

to take a crap/shit/dump
kacken, scheißen

thunder box
Toilette

Und für das „kleine" und „große Geschäft" gibt es die Ausdrücke:

to go number one	„kleines Geschäft"
to go number two	„großes Geschäft"
to take a squat	sich hinhocken (nur Frauen)
to lay a log	einen Klotz hinlegen

Boob Tube & Carmel Popcorn

Fernsehen

Fernsehen ist in Amerika eine Wissenschaft für sich. Je nach Region gibt es über 100 Sender **(channels)**, die häufig auf spezielle Programme spezialisiert sind, etwa Nachrichten rund um die Uhr, nur Spielfilme, nur Zeichentrick etc. Alle Programme werden ständig durch Werbespots **(commercials)** unterbrochen. Leute, die den ganzen Abend (mit **potato chips**) vorm Fernseher sitzen und oft auch davor schlafen, heißen **couch potatoes**.

game show	Quiz-Sendung
sit-com *(situation comedies)*	billige Fernsehkomödien à la Al Bundy (Married with Children)
soap opera	Endlos-Fernsehserie
tube, on the tube	Fernseher (Röhre)
boob tube	Glotze
(TV) set	Fernseh-Gerät
cartoons, toons	Zeichentrickfilm

Kino

Außer am Kino-Schalter **(box office)** bekommt man Eintrittskarten auch bei Vorverkaufsstellen **(ticket outlets)** in Kaufhäusern.

Je nach Inhalt und Gehalt an Erotik sind Filme in verschiedene Kategorien eingeteilt:

G *(General Audience)*	allgemeiner Zutritt
PG *(Parental Guidance)*	Elternbegleitung wird empfohlen
PG 13	unter 13 Jahre nur mit Eltern
R *(Restricted)*	unter 17 nur mit Eltern
X	Zutritt nur für Leute über 18 Jahre

movies	Kino
movie	Film
bomb, flop	schlechter Film
matinee	Nachmittagsvorstellung
double-feature	zwei Filme zum einfachen Preis
twillight show	billigere Vorstellung am Vorabend
chick flick	Schnulze
held over	Verlängerung
sold out	ausverkauft
preview	Vorschau
porn-flick, porno	Porno-Streifen
to catch a flick	ins Kino gehen

concession stand *heißt der Erfrischungsstand im Kino. Alkohol gibt's hier nicht. Aber massenweise* popcorn *und* carmel popcorn. *Letzteres ist Popcorn mit braunem Zucker.*

Dial a Number

Telefonieren

Wird man angerufen, nennt man nicht seinen Namen, sondern sagt lediglich **„Hello"** und wartet, bis der andere nach dem Namen fragt.

Give me a call/buzz/ring/hauler = *Ruf doch mal an!*

Hang on! Hold on! = *Warte mal! Bleib dran!*

a hang up = *wenn jemand anruft und auflegt, ohne etwas zu sagen*

Talk to my machine! = *Hinterlass eine Nachricht!*

to make a phone call	telefonieren
to dial a number	eine Nummer wählen
to punch in a number	eine Nummer wählen
to call s.o.	jemanden anrufen
local call	Ortsgespräch
long-distance call	Ferngespräch
collect call	R-Gespräch (der Angerufene zahlt)
operator	Vermittler bei collect calls
credit-card call	mit Kreditkarte telefonieren
area code	Vorwahl-Nummer
phone booth, payphone	Telefonzelle
answering machine	Anrufbeantworter

Von der Post aus kann man übrigens nicht telefonieren. Die hat in den USA nichts mit dem Fernmeldewesen zu tun, das wird von Privatfirmen gemanagt. und von denen gibt es so viele, dass man sie hier auch nicht aufzählen kann!

Havin' a Helluva Time!

Die lockere Sprache des Alltags

Hier jetzt eine Sammlung allgemeiner, lockerer Ausdrücke.

begrüßen/verabschieden

Yo! / Hey! / Howdy!
Hallo

How's it going?
Wie geht's?

Nur unter Männern sagt man auch (als Anspielung auf das, was zwischen ihren Beinen hängt):
How's it hangin'?
= *Wie steht's?*

What's up? / 'Sup?
Was ist Sache?

What's hap'nin'?
Was liegt an?

I'm fine.
Mir geht's gut.

It's all hunky dory.
Alles klar.

What's the plan?
Was machen wir?

I'll keep you posted.
Wir bleiben in Kontakt.

Kick butt!
Viel Glück!

Let's stay in touch.
Wir sehen uns wieder.

Break a leg!
Hals- und Beinbruch!

Gonna bounce/fly!
Ich muss los.

See ya (later)! / I'm outa here! / Me out! / Catch ya later/in a few! / Later!
Bis dann! Man sieht sich! Bis gleich!

Take it easy! / Take care!
Pass auf dich auf!

begreifen, verstehen

Get a grip!
Verstehst du denn nicht?

Can you deal with that?
Kommst du klar?

Can you handle that?
Kommst du damit klar?

Can you make it?
Schaffst du's?

Catch my drift? Catch this? Get the picture?
Begriffen?

Can you relate? Know what I mean? Get it?
Verstehst du?

I hear ya!
Ja klar, verstehe!

It's over my head. Beats me!
Das kapier' ich nicht.

I give up.
Ich gebe auf. Das begreif' ich nicht.

to get the joke
den Witz verstehen

the punch line
der Witz an der Sache, die Pointe

to pick one's brain
schwer nachdenken
(wörtl.: im Gehirn herumstochern)

to rack one 's brain
echt nachdenken
(wörtl.: Gehirn zermartern)

Get real!
Red doch Klartext!

erstaunt sein

Run that by me again!
Sag das noch mal!
No shit. No kidding!
Sag bloß! Was du nicht sagst!
You've got to be kidding!
Du machst Witze!
You're pulling my leg!
Du willst mich doch veralbern!

zustimmen/ablehnen

to flip s.o. off, to flip the bird,
to give s.o. the bird
jemanden abblitzen lassen
That's not worth a damn.
Das lohnt sich nicht, ist nichts wert.
It's the pits! That's hurtin'
Das ist übel!
Not too shabby.
Gar nicht so übel.
I have a thing about it. I get off on it.
Darauf steh' ich.
No way! Forget it!
Auf keinen Fall!
Chuck it!
Weg damit!
That's the way/ticket! You bet! For sure!
Na klar doch!
Okeedokie! Sounds good! O.K. by me.
O. K.!

Way to go!
Super! Weiter so!
Fair enough!
In Ordnung!
Baloney!
Quatsch! Unsinn!

no problem!

sprich: „ßintsch" **It's a cinch/snap/piece of cake!**
Das mach ich locker! Klarer Fall!

Relax! / Kick back!	Bleib cool!
Take it easy! **Hang loose!**	Nimm's leicht!
Mellow out! **Chill out!**	Immer mit der Ruhe!
Take a chill pill.	Beruhig' dich!
to chillax (chill & relax)	abkühlen-entspannen
No prob! (no problem)	Kein Problem! Keine Sorge!
That's no biggie! (no big deal)	Das ist kein Problem.
Sure!	Klar!
to chuck it	es hinkriegen

Wenn jemand **thank you** gesagt hat, muss unbedingt **You're welcome. Don't mention it.** *„Bitte, bitte. Keine Ursache."* folgen, sonst entsteht eine peinliche Funkstille.

am Strand

shades	Sonnenbrille	*wörtl.: Jalousie*
to grab some sun	sich sonnen	*wörtl.: Sonne greifen*
to catch some rays	sich sonnen	*wörtl.: Strahlen fangen*
to get a (sun) tan	braun werden	
nude beach	Nackt-Strand	
skinny dipping	nachts nackt baden	
to be in the nude, to be in the buff, to be in one's birthday suit	nackt sein	
to go for a dip	ins Wasser gehen	
jacuzzi	Whirlpool	
to take a jacuzz, to hot tub it	ins jacuzzi gehen	
smash ball	Strandballspiel mit Holzschlägern	
boardwalk	Strandpromenade	

Life's a beach!
= *Das Leben ist herrlich! und ist eine Verballhornung der Redewendung:* Life is a bitch, *was das genaue Gegenteil beschreibt.*

In Kalifornien geht man ziemlich lässig mit dem Wort thing *um:*
Let's do the beach thing!
= *Lasst uns an den Strand gehen!*

Let's do the lunch thing!
= *Lasst uns essen gehen!*

surfin' & Co.

In Venice Beach liegt der bekannteste open air muscle shop *oder* body shop *(eigtl. Autowerkstatt), wo braungebrannte, muskulöse Menschen* body building *betreiben. Wem nach Drachenfliegen zu Mute ist, der fragt, wo* hanggliding *möglich ist.*

body surfin'
den Körper als Surfbrett benutzen

boogie board
kleine Schaumstoffbretter (Bodysurfen)

to hang ten, to hang five
beim Surfen alle Zehen seitlich über's Brett überstehen lassen

Go check out the waves!
Schau mal wie die Wellen heute sind!

Gnarly!
Super! Fantastisch! (Surfer finden „knorrige", buckligen Wellen am besten.)

let's go!

Haul ass!	Hoch mit dem Arsch!
On the ball!	Ab die Post!
Let's cruise!	
Let's jet/go/jam!	Los!
In no time!	Sofort!
You're all set to go?	Seid ihr fertig?
Let's blow this place!	Lass uns abhauen!
Let's book outta here!	
Let's blow this joint!	

Glück/Pech gehabt

He's full of it/shit.
Er redet Blech. / Er erzählt Scheiße.

to luck-out, to be lucky, to pull one off
Glück haben

Are you stuck?
Kann ich helfen? Wo hapert's denn?

to fall for a snow job
auf einen Schwindel hereinfallen

I got burned.
Ich bin 'reingelegt worden.

tough luck/break/shit/titties
Pech

I was stiffed.
Ich bin beklaut worden.

Don't sweat it.
Mach dir nichts draus.

a goner
jmd., der Pech hatte

It was a front.
Es war nur Fassade.

He pulled it off.
Er hat es geschafft.

a fluke
Glück/Glücksfall

to front for s.o.
Schmiere stehen

scammin'
die Lage peilen

No sweat.
Keine Aufregung!

quasseln, brabbeln etc.

to talk in circles
= *nichts Gescheites sagen*

to talk a mile a minute
= *zu schnell und zu viel reden*

to chat	locker reden
to yak	plaudern
street talk	Gossensprache
to blurb	blubbern, faseln
to blab	plappern, brabbeln
to shoot the shit, to shoot the breeze	quatschen

Let's talk turkey.
= *Nun lass uns zum Geschäft kommen.*

You're running off at the mouth.
= *Du redest zuviel.*

Klappe halten! Hau ab!

Get a job/life/clue!
Hau ab und tu' was Sinnvolles!
Don't give me that bullshit!
Erzähl' keinen Scheiß!
Keep your hat on!
Immer mit der Ruhe!
Freeze!
Halt! Stehenbleiben!
Pull yourself together! Get your shit together!
Nun reiß dich aber zusammen!
Go jump in a lake!
Du gehst mir auf den Zeiger!
Get out of my face! Get off my back!
Lass mich in Ruhe!
You can just go to bum-fucked Egypt (b. f. E.)!
Geh dahin, wo der Pfeffer wächst!
Get your ass in gear!
Beweg' deinen Arsch!
Fuck you!*
Du kannst mich mal!

schuften

to work like a dog
schuften wie ein Tier
to go all out
sich verausgaben
to be over one's head in work
bis zum Hals in Arbeit stecken
That's a real bore/drag!
Das ist echt langweilig!

Hör auf damit!:
Can it!
Cool it!
Bag it!
Gimme a break!
Stick it!
Stick it in your ear!
Stick it where it hurts!
Stick it where the sun don't shine!
Knock it off!
Cut it out!
Lay off!

Halt die Schnauze!:
Shut up!
Yuck it!
Pipe down!
Button it!
Shut your trap!
Cut the crap!

Verpiss dich!:
Piss off!*
Kiss off!
Fuck off and die!*
Melt away and die!
Eat shit and die!
Back off!
Buzz off!
Get lost!
Hit the road!

sich ärgern

It's a pain!
Es ist ärgerlich!

It's a pain in the neck/ass!
Es ist total ärgerlich!

It's a hassle/drag/bitch!
Mann, was für'n Ärger

He's a pain in the ass.
Der Typ nervt mich.

You drive me up the wall!
Du machst mich wahnsinnig!

bug = *Wanze*

That bugs me. It's a bugger.
Das wurmt mich.

That (he) pisses me off.
Das (er) macht mich sauer.

I'm a basket case.
Ich bin völlig fertig (müde).

He's buggin'/wiggin' out.
Er dreht durch.

Don't make waves!
Mach keinen Ärger!

to get jerky / to freak out
ausflippen, überreagieren, ausrasten

Ärger haben

to be between a rock and a hard place
in die Enge getrieben worden sein

to be a dead duck
nicht mehr weiter wissen

hot seat = *elektrischer Stuhl*

I'm in the hot seat / in a jam
Ich sitze in der Tinte.

to be up shit creek without a paddle
in der Scheiße stecken
to be up against the wall
mit dem Rücken zur Wand stehen
to corner someone, to pin someone down
jdn. in die Enge treiben
blacklisted, blackballed
auf der schwarzen Liste stehen
to take the backseat to someone
jdm. unterlegen sein
to play dirty
unfair sein
to pull a fast one
jdn. austricksen
to take someone for a ride /
to take the piss out of someone
jdn. verarschen
to act up
sich daneben benehmen
to save face
das Gesicht nicht verlieren
to be fucked up*
erledigt sein
to blow someone away
jdn. umlegen (töten)
to have butterflies in one's stomach
nervös sein
to screw / mess something up
etwas anstellen
to be in the doghouse
großen Ärger haben
Let's get the hell out of Dodge!
Lass uns abhauen!

equalizer = *Knarre*

cop, pig = *Bulle (Polizist)*

blue and white/ black and white = *Polizeiwagen*

to be double-crossed
'reingelegt worden sein

to get busted / nabbed
geschnappt / verhaftet werden

Things are grim.
Es sieht schlecht aus.

to smell bacon
Bullen (Polizei) riechen

to let someone down
jdn. enttäuschen

to beat the shit out of someone
jdn. windelweich prügeln

allgemeine Ausdrücke

to dip snuff = *Kautabak nehmen*

to have a chew = *Kautabak kauen*

to bum around with = *mit Leuten herumhängen*

and all that jazz	und so weiter
bennies/benefits	Zuschuss
block party	Straßenblock-Party
ghetto blaster	Kassettenrekorder
boondocks/boonies	abgelegene Gegend
chew/plug/dip/snuff	Kautabak
cig/drag	Zigaretten
cut-down/put-down	Kritik (Anmache)
four-letter words	Schimpfworte
freebee	etw., was gratis ist
garbage can	Mülleimer
gizmos/gadgets	nutzloses Zeug
guts	Mut (Eingeweide)
to hang out/loose	herumhängen
hangout	Treffpunkt (üblicher)
homely	bieder
kicks	geile Treter

locker	Schließfach	
mug	(Trink)Becher, Glas	
my crowd/folks	meine Leute/Familie	
out in the sticks	weit draußen	
pop/soda pop	Soft drink	
posse	Gang, Bande	*sprich: „possi"*
roommate	Mitbewohner	
shalackers	Lackschuhe	
shut up/no way	Quatsch!	
skid row	Elendsviertel	
souped-up	aufgemotzt	
specs	Brille	*von* spectacles
square	konservativ	= *quadratisch*
straight	ohne Laster/hetero	
stuff	Zeug/Drogen	
the bottom line	das Ergebnis	
threads	Klamotten (Kleidung)	
tix	Fahr-/Eintrittskarten	*von* tickets
totally	Ja, okay. / Machen wir.	
yonder	da drüben	
a waste of time	Zeitverschwendung	
zip/nill	nichts	
zit/pimple	Pickel	

Redewendungen

Can I bum a smoke?
Krieg' ich mal 'nen Glimmstengel?

Chalk it up to experience.
Eine Erfahrung mehr.

Blow it off! It's history! Gag!
Vergiss es!

Who gives a flying fuck at a rolling donut?

Does this bug/bother you?
Stört dich das?

Who cares? What of it? So what? Big deal!
Na und?

I don't give a shit/damn.
Ist mir egal.

That's a crock of shit.
Das ist totaler Blödsinn.

to hold out for the best offer
auf das beste Angebot warten

I'm pullin' for ya!
Ich drück' dir die Daumen!

to have one's shit together
eine klare Linie haben

to kick the habit
eine Gewohnheit aufgeben

Hang in there! Don't give up!
Halt durch!

to kiss someone's ass
sich einschmeicheln, einschleimen

to give someone a piece of one's mind
jdm. sagen, was Sache ist

Let's get down to the nitty gritty.
Las uns auf den Punkt kommen.

He has been around the block.
Er ist erfahren. Er hat einiges erlebt.

to grab some shut-eye,
to take a snooze/nap
ein Nickerchen machen

to play one's cards right
die richtige Entscheidung treffen

to have a good head on one's shoulders
kompetent sein

to ditch/skip school
schwänzen
to walk on thin ice
auf dem Grat wandern
Park your butt! Park it!
Setz dich!
What the heck are you up to?
Was zum Teufel hast du vor?
on the spur of the moment
spontan
to take a shot at something
etwas versuchen
May I put my happy ass here?
Darf ich mich hier hinsetzen?

Don't mean nothin'!	Egal!
to be into something	auf etwas stehen
I can't see shit.	Ich kann nichts sehen.
It was murder!	Es war sauschwer!
He's the man.	Er ist der Chef.
to mess it up	es versauen
Out to lunch!	geistig abwesend
to be grounded	Hausarrest haben
to ham it up	es übertreiben
Good job!	Gut gemacht!
I 've had it!	Das reicht!
Go for it! Go ahead!	'Ran an den Speck!
forever and a day	ewig und 3 Tage
to work it out	es geregelt kriegen
to catch some ZZZZs	sich auf's Ohr legen
to take the trouble	sich die Mühe machen
to hit the sack	sich schlafenlegen
to zonk out	einpennen

ZZZZs = *aus der Comicsprache*

... und hier noch eine Auswahl von Redewendungen, die von Lesern in den USA aufgeschnappt wurden:

as fit as a fiddle	fit wie'n Turnschuh
as cool as a cucumber	eiskalt (Person)
as flat as a pancake	platt wie 'ne Flunder
No pain, no gain!	Ohne Fleiß kein Preis!

What's sauce for the goose, is sauce for the gander. = *Was dem einen Recht ist, ist dem anderen billig.*

You're barking up the wrong tree!
Du bist auf'm Holzweg!
Birds of a feather flock together.
Gleich und gleich gesellt sich gern.
Don't make a mountain out of a molehill!
Mach aus einer Mücke keinen Elefanten!

Cream of the Crop

super, spitze, affengeil

Diese Ausdrücke meinen etwas Positives wie „super, irre, spitze, stark, geil“:

awesome	**brutal**	**phat**
burly	**pumped**	**ultra cool**
rad	**radical**	**way rad**
crazy	**sick**	**da bomb**
stoked	**jazzed**	**dank**
sweet	**mint**	**dope**
tight	**fresh**	**tough**
funky	**wicked**	**bad**
hot	**wild**	**jiggy**
zany	**off-the-wall**	**cool**

insane/crazy/kickass	(ist ja) irre
trippin' / bitchin'	super, irre
top-notch	erstklassig
a real kick	echt abgefahren
weird, kinky, bizarre	irrsinnig stark
terrific	super
neat	prima, witzig
sharp	scharf (angezogen)
rowdy	„Es geht ab!“
He's got the funk.	Er ist obercool.

hella / hecka
+ *Eigenschaft*
= *Das ist echt super ...*

hellacool
= *Das ist echt supercool.*

heckahot
= *Das ist echt superscharf.*

Man sieht, einige Ausdrücke sind eigentlich negativer Art, werden aber im entsprechenden Zusammenhang gegenteilig verwendet.

We're having a helluva time!
= *Wir amüsieren uns prächtig!*

Just pullin' your leg!
= *Hab' doch nur Spaß gemacht!*

laid-back/ easy-going	locker, lässig
mellow	relaxed, entspannt
helluva (= hell of a)	super, hektisch, riesig
cream of the crop	allererste Sahne
down-to-earth	natürlich, ehrlich
Just for kicks/laughs!	Nur zum Spaß!
Just kiddin'!	
For the fun/hell of it!	
That's a scream!	Ich lach' mich krank!
Absolutely hilarious!	Absolut lustig!
That's a blast!	

It's hype. (hyperbole)	Das ist Übertreibung.
That turns me on!	Darauf fahr' ich ab!
He cracked me up!	Der war witzig!
That blows my mind!	Das find' ich irre!
That's a mind blower!	
That's classic/tight!	Das ist spitze!
That rocks!	
That's something else!	
It'll be a gas!	Das wird ein Spaß!
That blew me away!	Das hat mich umgehauen!
to be all decked out	gut angezogen sein
to be a real crack-up	irre lustig sein
to be wacko/wacky	albern sein
to bust a gut	sich krank lachen
to laugh one's head off	
to have guts	Mut haben
to have gumption	Drive haben
This is a riot!	Das ist Spitze!
This is a blast!	
She's got the giggles.	Sie hat einen Lachanfall.

Die höheren Töchter mit reichem **daddy**, die in **San Fernando Valley** wohnen, haben z.T. eigene „Slang"-Ausdrücke, die mit der Zeit jeder in den USA kennt: **„Oh – she's a valley girl!"**

San Fernando Valley = *Edelvorort von L.A.*

Hier einige typische Redewendungen für „Super, Wahnsinn!":

That's to die for!	**It's so very!**
That's real!	**Totally real!**

T-Shirt Slogans

Same shit – different day
Diesselbe Scheiße – anderer Tag

If I had a hammer, there'd be no folk singers.
Wenn ich einen Hammer hätte, gäbe es keine Schlagersänger.

Is that your face or did your pants fall down?
Ist das dein Gesicht, oder ist dir die Hose heruntergerutscht?

Are you an artist or did you just get dressed in the dark?
Bist du ein Künstler oder hast du dich gerade im Dunkeln angezogen?

My parents hate my fucking language.
Meine Eltern hassen meine verdammte Sprache.

Why can't I be rich instead of so damn good-looking?
Warum kann ich nicht reich sein, statt so verdammt gut auszusehen?

I'm not arrogant, I'm just a whole lot better than you.
Ich bin nicht arrogant, ich bin nur viel besser als du.

It's not who you are but what you wear. — I mean, who cares who you are, anyway?
Es geht nicht darum, wer du bist, sondern was du anhast. – Ich meine, wer schert sich schon darum, wer du bist?

Auf T-Shirts oder Mützen stehen manchmal Abkürzungen:

DILLIGAF?
Does it look like I give a fuck?
Interessiert mich doch nicht!

FUBAR
fucked up beyond all reason
total beknackt

LAGNAF!
Let's all get naked and fuck!
Kommt, wir zieh'n uns aus und bumsen

DAMIFINO
Damned if I know!
Keine Ahnung!

SNAFU!
situation normal; all fucked up!
Alles unter Kontrolle!

To Go Bananas

beschissen, blöde, ausgeflippt

Eine Sammlung von Ausdrücken, die eher Negatives beschreiben:

dumb	beknackt, dumm	
corny	schmalzig, schnulzig	
tacky	geschmacklos	
gross/grody	beschissen	*von* grotesque
crude/rude	total beschissen	
hyper	wibbelig	
freaked-out	ausgeklinkt	
wiped-out/pooped	ausgepumpt, erschöpft	
bushed	geschafft, erschöpft	
beat	ausgepowert	
spaced-out/zoned	abgefahren (auf Drogen)	
out-of-it	abgefahren sein	
screwed-up/ clueless	tüddelig, verwirrt	
That's bogus. / That's ghetto.	Das ist Blech/Schrott/ nur Fassade.	
bummed-out	deprimiert	
hokey	out, altmodisch	
to be ripped off/ screwed over	verarscht (worden sein)	
to be ganked	ungerecht behandelt worden sein	
loony	durchgetickt, -gedreht	*von* lunatic
to go nuts/ bananas	durchdrehen	

That's a bum rap! /
That is so gay!
= *Das ist bescheuert!*

shitty	blöde
lousy/lame	lausig
janky/shwenk	bescheuert
That's brutal!	So 'ne Sauerei!
cheap/sleazy	aufgedonnert
spastic	überdreht
You're sick!	Du spinnst!
That sucks!	Das stinkt zum Himmel!
That bites/blows!	Das glaubt kein Schwein!
That's sorry!	Das ist übel!
nasty	total ätzend
stuck-up	arrogant
two-faced	heuchlerisch
to be on edge	nervös sein
to be edgy/touchy	gereizt sein
to be pissed off	sauer sein
to be blown away	baff sein
to be up in the air	unsicher sein

to be grouchy	missmutig sein
to be grumpy	brummig sein
to be cold	unzugänglich/cool sein
to be fed up	die Schnauze voll haben
to be gutless	Schiss haben
to be jammin'	abgedreht (high) sein
to be gung-ho	abgetreten sein
dirty tricks/ double dealing	hinterlistige Machenschaften

Four-Letter-Words

Schimpfwörter und Beleidigungen

Mit den Schimpfwörtern tut sich ein großes Feld auf. Zu bemerken ist, dass eine ganze Reihe der folgenden Schimpfwörter in der entsprechenden Umgebung und gegenüber Freunden gebraucht u.U. nicht beleidigend wirken müssen. So, wie man auch bei uns einen guten Kumpel mit „Na, du alter Penner" begrüßen könnte. Der Ton macht die Musik. Trotzdem, besser nicht in den Mund nehmen.

hard nose	Holzkopf
tight ass	Blödmann
four-eyes	Brillenschlange
fool/foo	Dummkopf
bigmouth	Großmaul
ass wipe*/ass kisser* butt lick*/brown noser*	Arschkriecher

wörtl.: verkniffener Hintern

	asshole	Arschloch
	dick*/prick*	Arschloch *(eigtl. Penis)*
	shithead/dickhead	Scheißkerl
double crosser =	**back stabber**	hinterhältiger Typ
	pimp	Zuhälter
	scum/skank	Dreckskerl
	jackass	blöder Esel
motherfucker =	**mofo***	„Mutterficker“
Abk.: s.o.b. =	**son of a bitch***	Hurensohn
	bastard	Bastard
	chicken shit/pansy	Schlappschwanz
	killjoy/party pooper	Spielverderber
	Larry	Idiot
	snotnose	Rotznase
	ugly mug	hässliche Fresse
	crater/pizza face	Pickelgesicht
	tank/truck/fat load porker/blimp/fatso	Fettsack
	animal	Tier, Schwein
	dud	Blindgänger
	cut throat	Karrierist (rücksichtslos)
	piece of shit	Stück Scheiße
	14-carat idiot	Vollidiot
	bum/riff raff/low life	Landstreicher, Penner
	grundged	schmutzige, unmoderne Kleidung

Im Gegensatz zu diesen Schimpfwörtern ist **homeless** der neutrale, eher mitfühlende Ausdruck für die Obdachlosen, die z.B. den Strand von **Venice Beach** mit Zelten bevölkern.

He's a sod. **He's a pratt.**	Er ist ein Saukerl.	
He's a pleb.	Er ist ein Langweiler.	
airhead	Hohlkopf	
BMOC	Angeber	= big man on campus
butt head/face	Arsch mit Ohren	
retard	Idiot	
He's flakey. / He's out of lunch/it.	Er ist unzuverlässig.	
pecker head	Arschloch	*eigentl.: Peniskopf*
shit kicker	Bauer, Provinzler	
greaseball	schmieriger Typ	
dog-ass	ein Niemand	
cry-baby	weinerlicher Typ	
chum	freundlich-falscher Typ	
goof/goofy-head	Dummkopf	
sucker	armer (reingelegter) Kerl	

He's a wise cracker.
Er ist ein arroganter Typ.

Hier noch einige Redewendungen, die einem „Vollidioten" gelten:

The lights are on but there's nobody home.
Es sieht nur so aus, als ob sein Gehirn funktionstüchtig wäre.
The elevator-shaft is empty.
Der Aufzugsschacht ist leer.
He's lame. *von dt.: lahm*
Er ist eine Niete.
She's not playing with a full deck.
Sie ist nicht ganz klar im Kopf.

The chicken is in the pub but it's not fried.
Der Geist ist willig, aber das Fleisch ist schwach.

He couldn't find his asshole with both hands and a flashlight.
Er ist zu blöd zum Scheißen.

He's a lump on a log.
Er ist ein Klotz auf einem Baumstamm. / Er ist ein Langweiler.

Frauen

Und jetzt die harten Sachen, alles üble Beleidigungen. Erst mal alles für „Nutte, Hure“:

tramp/hustler/floozy/bitch/hooker/whore/ slut/broad/hussy/tute/deem/'ho/hoochie

trash	Drecksweib
bag lady	Landstreicherin
cunt*/twat	alte Fotze
wench	Flittchen (Sklavin)

Alte

Auch für alte Menschen gibt es einige abwertende Bezeichnungen:

old hag *(hässliche Frau)*	**geezer** *(alter Knacker)*
old fogey *(Kauz)*	**old bag** *(Tasche)*
old fart *(Furz)*	**old bat** *(Fledermaus)*
old crab *(Krabbe)*	**old codger** *(Kauz)*

Volksgruppen

Überall auf der Welt werden Ausländer, Randgruppen u.ä. mit abwertenden Bezeichnungen belegt. Das ist auch (oder gerade) in den Staaten nicht anders. Obwohl - genau genommen - alle Amerikaner (außer den Indianern) ja eigentlich Ausländer sind. Alle folgenden Ausdrücke sind negativ, man sollte sie nicht verwenden: **„If you say one of these words in L.A., you could get shot!“**

Originalton Rose Anderson

krauts/germs	Deutsche	*Sauerkraut/Bazille*
poms	Franzosen	*Pommes Frites*
wops/dagos	Italiener	
russkies/commies/reds	Russen	
Stanley/Polak	Pole	
hymies/kikes/yids/hebes	Juden	
japs/nips	Japaner	
chinks/yellers	Chinesen	
slanties	Asiaten	
Charlies/gooks	Vietnamesen	
sand niggers/diaper heads/ rag heads	Inder	

Besondere Unterschiede macht man bei den Mexikanern. Einerseits gibt es die legal eingewanderten **chicanos / beaners** *(Bohnenfresser)* und andererseits die illegal eingewanderten, ohne Aufenthaltserlaubnis: **wet-backs / illegals / braceros.**

Indianer Indianer nennt man abfällig „Rothäute" wie im Deutschen: **redskins**

Puertoricaner Puertoricaner nennt man **spics** und die, die eine Mischehe mit einer / einem Schwarzen eingehen, nennt man dann scherzhaft **spic and span**, was eigentlich eine bekannte Scheuermittelmarke ist.

Schwarze „Neger" kann man in einer extrem abwertenden Weise sagen: **porchmonkey** *(Veranda-Affe)* oder **bluegum** *(blauer Gaumen)*. Sonst heißen sie: **blood, niggers, darkies, brothers, blacks, spades**.

Weiße Die Schwarzen nennen die Weißen hingegen **honkies, whites, maggots** *(Maden)* oder **the beast**.

Süd- & Nordstaatler Die Südstaatler bezeichneten alle Nordstaatler als **yanks**, welches heute alle Amis bezeichnet. Jetzt nennt man die konservativen, gebildeten Nordstaatler **WASPS = white Anglo-Saxon Protestants**. Und die Südstaatler bezeichnet man als **redneck**, was auch einfach nur Spießer heißt.

Für ihren Lebensstil werden vor allem die Grünen oder Alternativen verlacht als **granola** *(Müsli)*, **earth people/earthies** *(Erdmensch)*, **tree huggers** *(Baum-Umarmer)*. *Grüne*

Ebenfalls durch den Kakao zieht man die **YUPPIES = young urban professionals**. Die **yuppies** haben mit ihrem **lifestyle** eigene Ausdrücke wie **„Let's do lunch!"** oder **power lunch**, das heißt, beim Mittagessen über die Arbeit sprechen. Alles andere wäre ja vertane Zeit. So heißt **„to yuppify something"** etwas aufmotzen, damit es edel aussieht und ein **yuppie** es kaufen würde. *Yuppies*

Randgruppen

gay, fag, faggot, limp, butt pirate *(Arschpirat)*/ **bufu*** (butt fuck), **wrist** *(schwaches Handgelenk)*	*Schwuler*
pal, buddy *(eigentlich nur: Kumpel)*	*Freund eines Schwulen*
les, dykes, diesels	*Lesben*
bi, AC/DC	*Bisexuelle(r)*
fruit, fruit cake, pansy, fem, homo, fairy *(Fee)*, **queer**	*Tunte*
queen, queeny, drag queen	*Transvestit*

Etwas mehr Erklärungsbedarf hat **fag hag** *(wörtl.: Schwulenhexe)*. Das ist eine Frau, die mit ihren schwulen Freunden durch die Szene zieht. Wer sein **coming out** noch nicht hatte, kommt jetzt mit der Wahrheit raus, das er/sie homosexuell ist: **to come out of the closet**. Der Mann im Fummel ist **in drag.**

fluchen, drohen

Darn! Doggone! Damn!
Son-of-a-bitch!* Nuts!
Bummer! What a drag!
Man alive! Shoot!
= *Verdammt!*
Verflucht!

(A bunch/a crock of/
a pile of/a piece of) shit!
Fuck!* Crap! Hogwash!
Dang! Shoot! Garbage!
Suck!
= *Mist! Scheiße!*

I'll kick his ass.
Ich mach ihn fertig!

Paybacks are hell/a bitch!
Rache ist süß!

It's no picnic!
Das ist hier kein Kaffeekränzchen!

Watch out! Careful!
Vorsicht! Ich warne dich!

Get a hold of yourself!
Reiß dich zusammen!

to put someone in his place
jdn. zurechtweisen

(Mega)shit happens!
Alles Scheiße!

(A bunch of) bullshit! B. S. (= bullshit)
Blödsinn!
He's full of it!
Er ist voll mit Scheiße!
What the heck/hell ...!
Was zum Teufel ...!
Gosh! Gee whizz!
O Mann! Kerlchen!!
Geez! (Jesus)
Um Himmels Willen!
I don't give a flying fuck*/shit/damn!
Das interessiert mich nicht die Bohne!
That sucks!
Das ist bescheuert!
Kiss/lick my ass!* Suck my butt!
Leck mich am Arsch!

Dressed to Kill

Zwischengeschlechtliches

Das ist natürlich ein höchst interessantes Gebiet. Und wie bei allem, was tabuisiert, anrüchig oder auch nur pikant ist, gibt es hier eine wahre Fundgrube von Slang- und Szene-Ausdrücken. Der Witz bei der Sache ist natürlich, dass man nicht jeden Ausdruck in jeder Situation anwenden kann und vor allen Dingen nicht unbedingt gegenüber dem anderen Geschlecht.

Einige Ausdrücke sind recht zotig und nicht unbedingt zum Gebrauch gedacht. In der deutschen Übersetzung haben wir versucht, möglichst adäquate Ausdrücke zu finden, man erschrecke also nicht über vulgäre Ausdrücke.

Geordnet haben wir nach dem Gesichtspunkt: „Wer könnte was gegenüber wem benutzen?"

She's a winner!
She's a ten!
= *Die ist spitze!*

She's a knockout!
= *Die ist Wahnsinn!*

er zu ihm über sie

cutie *(hübsch)*	Spitzenfrau
brown sugar *(schwarz)*	
sweet ass	geile Mieze
doll, dollbaby	Puppe
sweet	Süße
looker, fox, foxy lady	steiler Zahn
hot number, a hottie	heiße Alte
chick	Mieze (Hühnchen)
hon (honey)	süße Kleine
gal (girl)	Kleines
my ol' lady, my wrap	meine „Alte"
built	gut gebaut
stacked	mit guter Figur
cute	süß
prissy	Weibchen
dizzy, dip	Dummchen
homebody	Heimchen
T & A (tits & ass)	dumm & gut im Bett
snob, snot	eingebildete Ziege
tomboy	„Bügelbrett"
whale	fette Sau (Wal)
troll	alte Hexe

dyke	Lesbe, hässliche Tussi
rag (Lappen)	Meckerziege
cling-on	Klette
gossip	Tratschtante
blabbermouth	Plappermaul
tattle-tale	Brabbeltante
bimbo, bitch	blöde Kuh
two-timer	treibt's mit zweien
run-around	treibt's mit jedem
prude	prüde
ice, frigid	frigide
airhead, blonde	Naivchen
wall flower	Mauerblümchen
meat market	Fleischbeschau
to be an easy pick-up	leicht zu haben sein
dressed to kill, stylin'	scharf angezogen
to bitch and moan	sich beschweren
to rat on someone	jdn. verpfeifen

She's easy.
Die ist leicht zu haben.

She's a tease.
Die flirtet, geht aber nicht auf's Ganze.

She's a flirt.
Die flirtet gern.

She's a floozy.
Sie ist 'ne Schlampe/Nutte.

She's a betty! *sagt man für eine blonde, blauäugige Mieze, die einen* Rabbit Convertible *(VW Golf Cabrio) fährt, welches man kurzerhand* bettymobile *nennt. Mädels, die sich aufmotzen, aber nicht naturblond sind, müssen sich anhören:* She's a wanna-be-betty!

sie zu ihr über ihn

He's a real trip!
= *Der ist saugut drauf!*

Oh, what a hunk/piece of meat!
= *Mann, was für ein Mann!*

Für „Blödmann" und dergleichen kann man endlos vieles sagen: bonehead, egghead, dope, dummy, creep, geek, jerk

He thinks he's hot shit!
= *Er hält sich für den Größten!*

He's clean.
= *Der ist chic.*

preppy, prep
= *Muttersöhnchen (besucht die Privatschule,* prep-school*)*

fox	gutaussehender Mann
cutie, hottie	süßer, heißer Typ
ace *(Ass)*, **honcho**	Spitzentyp
hunk, stud, jock	Muskeltyp, Athlet
hard body, buff	
brain	Schlaukopf
crack-up, kook, joker	Witzbold
player	Casanova mit Erfolg
drag	Langweiler
wimp	Feigling
twirp, dork, loser	Schlappschwanz
bum	Landstreicher
shmuck	Kotzbrocken
maniac	Idiot, irrer Typ!
tightwad	Geizhals
rookie	Anfänger
toy boy	junger Liebhaber
show-off	Angeber
moron, goober	Kindskopf
hot shot/shit	Lackaffe
weirdo, freak	komischer Typ
happy-go-lucky	munterer Typ
smart aleck, wise guy	arroganter Schnösel
nerd, dweeb	Streber
bozo *(span. vosotros)*	Typ mit viel Muskeln, aber wenig Hirn
sweet/smooth talker	Süßholzraspler
chauvinist pig, swine	Chauvi
macho	Macho

er zu ihr

cutie, honey	Süße
good-looking, fine	Schöne
lady	feine Frau
darling, sweetheart	Liebling, Liebes
sweet thing	Kleines
sugar, sweetie pie	Mäuschen
baby, babe	Baby
angel	mein Engel
missy	Fräuleinchen

Hey lady! *kann auch beleidigend „Eh, Alte!" heißen.*

Die Zeiten, in denen „Mann" zu einer Frau **missy** sagen konnte, sind (glücklicherweise) vorbei. Die neutrale Anrede einer Frau ist heute **Ms.** (ausgesprochen „miz"), ein Gemisch aus **Miss** und **Mrs.**

Üblicherweise beginnen „Annäherungsgespräche" recht höflich. Na klar. Im folgenden einige Wendungen zum Ausprobieren:

Haven't we met somewhere before?
Haven't I seen you somewhere before?
Kennen wir uns nicht von irgend woher?
What are you doing tonight?
Was machst du denn heute Abend?
Would you like to come over?
Komm doch 'rüber.
Are you looking for some action?
Nicht's los hier, was?
What do you have in mind?
Na, was hast du vor?

You come here often?
Kommst du öfter hierher?
Are you here with someone?
Bist du alleine hier?
Is this seat taken?
Sitzt hier schon jemand?
Mind if I sit here?
Was dagegen, wenn ich mich setze?

Who's (where's) your date?
Wer (wo) ist dein Freund?
Can I buy you a drink?
Soll ich dir einen ausgeben?
Do you have (need) a ride home?
Soll ich dich nach Hause bringen?
Are you driving?
Fährst du selber nach Hause (allein)?
Can I come over?
Kann ich mit zu dir kommen?
Do you wanna come to my place?
Wollen wir zu mir gehen? (sehr direkt)
Wanna party? Let's party!
Wollen wir uns zusammen amüsieren?

sie zu ihm

Fangen wir hier mit den Ausdrücken an, die je nach Laune und Härtegrad der Situation zur Verfügung stehen, um einen allzu aufdringlichen Typen abzuwimmeln:

Get lost! Beat it!	Verschwinde!
Shove it!	Zisch ab!
Scram!	Hau ab!

Bite the wall!	Mach die Biege!
Buzz off!	Zieh ab!
Fuck off!*	Hau ab, Mistkerl!
Go fuck yourself!*	Fick dich selbst!
Go screw yourself!*	

Mehr davon gab's schon im Kapitel Havin' a Helluva Time!

Wollen wir hoffen, dass dieses Vokabular nicht allzu oft angewendet werden muss. Weiter im Text:

pal, buddy, dude	Typ
guy	Kerl
big guy	netter Kerl
man	Macker
cuz (cousin)	Kumpel
mack, fella	Typ, Macker
kid, babe, chump	Kumpel
bro (brother), **homey**	Freund

er/sie über „es"

to give someone cavities
Süßholz raspeln (Hohlräume machen)
to make eyes at someone
jdm. schöne Augen machen
to make a pass at/to hit on someone
jdn. anmachen
to ask someone out
fragen, ob er/sie mit ausgeht
to catch someone's eyes
to be fast/to move fast
sich an jdn. ranmachen

I'm goin' pimpin'.
= Ich geh' auf Brautschau.

He's my date.
= Ich geh' mit ihm. Ich bin mit ihm hier.

She still has her cherry.
She's a virgin.
= Sie ist noch Jungfrau.

to be on the make/to check someone out
jdn. anpeilen

to scan the crowd
das „Angebot" durchchecken

to strike out
(bei Frauen) kein Glück haben

to come on to someone
jdn. rumkriegen

to lead someone on/to tease
mit jdm. spielen

to feed someone a line/to make a date
sich verabreden

to date/to go around with someone
mit jdm. „gehen"

to have good chemistry
ein gutes Feeling haben

to get lucky/to get some/to bop/to boff
Sex haben

to get good/bad vibes
einen guten/schlechten Draht haben

to shack up with someone
mit jdm. zusammenwohnen

to fool/joke/goof/mess/screw/dick around
herummachen

to be ready / to get all hot and bothered / to be hot to trot
geil sein

to be wet and ready/ to have a hard-on
eine Latte haben

to be hot for someone
scharf auf jdn. sein

to get goosed
in den Arsch gekniffen werden

to be on the rag / It's that time of month!
ihre Tage haben
to be in the buff/nude/one's birthday suit
nackt sein
a quickie/fling
„einen auf die Schnelle"
a fling / an affair / a one-night-stand
kurze Affäre

shotgun wedding
= *Muss-Ehe (vom Brautvater mit der Flinte gezwungen)*

cheap thrills	billiger Sex
rubber	Kondom
the pill	die Pille
to excite	erregen
to get excited	erregt sein
to break up	Schluss machen
to be free/single	nicht gebunden sein
to be available	noch zu haben sein
to score	„Punkte machen"
to pick someone up	jdn. aufreißen
to feel someone up	knutschen
French kiss	Zungenkuss
hickey, suckerbite	Knutschfleck
to be knocked up	geschwängert

„es“

So, und nun das Unvermeidliche: Ausdrücke zum Geschlechtsverkehr. Aus dem reichhaltigen Angebot, hier nur die gebräuchlichsten. Alles, was folgt, heißt „bumsen“, die wörtlichen Übersetzungen geben annähernd Aufschluß über den jeweiligen Sprachlevel.

bumsen	**to boink, bonk, boff**
schrauben	**to screw**
es machen	**to make it with someone**
Liebe machen	**to make love**
Sex haben	**to have sex**
den ganzen Weg gehen	**to go all the way**
alle Punkte ablaufen	**to run all the bases** *(Ausdruck aus dem Baseball)*
es tun	**to do it**
jemanden tun	**to do someone**
jemanden nehmen	**to take someone**
einen blasen	**to go down on someone**
flachlegen	**to lay someone**
gut im Bett	**a good lay**
auf die Pauke hauen	**to make whoopee**
klatschen	**to bang**
Knochen bespringen	**to jump someone's bones**
aufbuckeln	**to hump**
bearbeiten	**to make / work up**
Heimspiel haben	**to hit a home run**
ficken	**to fuck***
ein Stück Arsch kriegen	**to get a piece of ass**
etwas Fleisch kriegen	**to get some meat**
Titten & Arsch kriegen	**to get some T & A**

to jump it	springen	*Orgasmus haben:*
to slam	knallen	to come
to bone	entbeinen	cum (off)
dry sex	Sex mit Kleidern an	to go for it
		to get off

Nun, das soll uns reichen. Weiter geht's mit Ausdrücken für „onanieren“:

pocket pool	Taschenbilliard	
to play with yourself	mit sich spielen	
to whack off	einen 'runterholen	(whacky = *verrückt*)
to get off on yourself	sich selbst befriedigen	
to beat off	'runter schlagen	
to jerk off	abspritzen	
to beat your meat	Fleisch schlagen	
to spank the monkey	den Affen versohlen	
a wanker*	Onanist	

He is pussy-whipped.
Er hängt an einer Frau. (abwertend)

She is dick-whipped.
Sie lässt sich von ihm unterkriegen.

Anatomie

Die Brüste einer Frau nennt man **boobs, yabos, knockers** (Schläger), **tits** (Titten), **melons** (Melonen), **hooters** (Hupen), **boodangies** (urspr. von Bantu sprechenden Sklavinnen).

Die Vagina wird **pussy** (Muschi), **bush** (Busch), **crotch** (Gabelung), **hole** (Loch), **cunt*** (Fotze) genannt.

Der Mann hat, wie wir wissen, einen Penis oder Schwanz:

twang = *an einer Seite zupfen*

ding-a-ling	**dick**
prick *(Stachel)*	**rod** *(Rute)*
twanger	**cock** *(Hahn)*
peter	**bulge** *(Beule)*
tool *(Werkzeug)*	**thing** *(Ding)*
hog *(Schwein)*	**meat** *(Fleisch)*
willy	**cream shooter**
machine	**mechanism**

Außerdem haben Männer noch ihre Hoden: **the family jewels, balls, nuts, noogies.**

to have balls
= *„Mut haben"*

Da wir gerade dabei sind, auch noch der Allerwerteste von Mann und Frau, entweder **rump** (Hintern) oder **tushy, butt, ass** (Arsch).

Spezialitäten

to eat someone (out)/to tongue someone	*Oralverkehr: er macht's*
to give head/to go down on someone/ to suck cock*/B. J. (= blowjob)	*sie macht's*
69 (sixty-nine)	*beide machen's*

whips & chains	Sado-Maso
bufu* (= buttfuck)	Analverkehr
to fake it	so tun als ob
a hicky	Knutschfleck
to turn a trick	sich prostituieren
red light district	Prostituiertenviertel
pimp	Zuhälter
madame	Puffmutter
brothel/cat house	Bordell
the vice squad	die Sittenpolizei

to be a working girl / to work the streets
= *auf den Strich gehen*

Über die Sprache „Amerikanisch“

Insgesamt ist das AE eine einheitlichere Sprache. Aufgrund der kürzeren Geschichte sind die Dialekte in Amerika einander ähnlicher als die nach Regionen sehr verschiedenen englischen Dialekte.

Zum Schluss möchten wir noch auf einige grundsätzliche Unterschiede zwischen dem amerikanischen (AE) und britischen Englisch (BE) hinweisen.

Im Amerikanischen haben sich einige recht alte Wörter und Formen erhalten, die im Laufe der Zeit im britischen Englisch verschwunden sind. Es sind sozusagen Relikte aus der Zeit der Kolonialisierung, die dem Stand der derzeitigen Sprachentwicklung entsprechen. So sagen Amerikaner zum Beispiel **fall**, die Briten hingegen **autumn**, wenn sie „Herbst“ meinen. Die Amerikaner benutzen **I guess** (eigtl. „raten“), wo die Engländer **I think** sagen, und **to be sick** statt **to be ill** für „krank sein“. Ersteres bedeutet im britischen Englisch „sich übergeben“.

Auf der anderen Seite hat hat man in Amerika die Schreibweise vieler Wörter vereinfacht, sozusagen modernisiert. Auch Grammatikregeln werden nicht so strikt eingehalten wie im Mutterland.

AE	BE	Bedeutung
color	**colour**	Farbe
center	**centre**	Zentrum
traveler	**traveller**	Reisender
lite	**light**	leicht, hell

Dann gibt es den Bereich der neuen Begriffe, die in Amerika aufgrund der unterschiedlichen Lebensweise und Entwicklung gebildet wurden. Begriffe wie **robot, computer, hamburger, supermarket, microchip** und **microwave** stammen natürlich aus dem „Land der unbegrenzten Möglichkeiten“, aber auch in anderen Bereichen kam es zu eigenen Wortschöpfungen:

AE	BE	Bedeutung
truck	**lorry**	LKW
elevator	**lift**	Fahrstuhl
cab	**taxi**	Taxi
freeway	**motorway**	Autobahn
subway	**underground**	U-Bahn
vacation	**holidays**	Ferien

Und zu guter Letzt haben die verschiedenen Sprachen der Einwanderer und Ureinwohner ihre Spuren im Amerikanischen hinterlassen:

AE	Ursprung
squash	Indianisch
boss	Holländisch
dime	Französisch
prairie	Französisch
kindergarten	Deutsch
schnaps	Deutsch
ranch	Spanisch
rodeo	Spanisch

Über die Sprache „Amerikanisch"

Auch heute noch haben viele Amerikaner ihren Original-Akzent nicht ganz abgelegt, und so fällt der Reisende mit deutschem Akzent nicht besonders auf. Obwohl natürlich die Aussprache der Amerikaner insgesamt gesehen breiter und langgezogener ist als beispielsweise in England, hat man keine großen Verständigungsprobleme, zumindest nicht im Nordosten. New Yorker sind recht gut zu verstehen. Im Süden kann es schon etwas schwieriger werden. Südstaatler benutzen beispielsweise anstelle von **you** (ihr) lieber **y'all** als Kurzform von **you all**. Vor allem in Kalifornien und Florida leben viele spanischsprechende Menschen, die teilweise kaum Englisch sprechen, hier kommt man auch mit Spanisch gut zu Rande.

Es gibt noch einige andere „nicht-wissenschaftliche" Veröffentlichungen zum Amerikanischen:

Amerika-Wortschatz
(Amerikanisch-Englisch-Deutsch) von F.W. Horlacher und P.C. Hough, Klett Verlag, 1985. Hilfreiches und übersichtliches Nachschlagebuch. Mit Erklärungen des Ursprungs und der Verwendung typisch amerikanischer Ausdrüke.

Amerikanisch, wie es nicht im Wörterbuch steht
von Arthur Steiner, Bastei-Lübbe, 1986. Leider ein recht unübersichtlich geratenes Buch, das teilweise betont witzig sein will. Redewendungen und Anmerkungen zur amerikanischen Lebensart.

Pocket Dictionary of American Slang
Pocket. Erklärungen auf Englisch.

Wer sich ein allgemeines Wörterbuch zulegen möchte, ist mit dem **PONS Kompaktwörterbuch Englisch-Deutsch/Deutsch-Englisch** aus dem Klett Verlag gut beraten. Es bietet auf über 1.300 Seiten ca. 100.000 Stichwörter und Wendungen.

Kauderwelsch in Amerika

Die Sprache des Alltags - ohne Wenn und Aber:

E. Gilissen
Amerikanisch
- Wort für Wort
ISBN 3-89416-512-X

B. Scheunemann
Franko-Kanadisch - das
Französisch Kanadas
ISBN 3-89416-298-8

V. Celi-Kresling
Spanisch
für Lateinamerika
ISBN 3-89416-029-2

A. Linnemann
& R. Georgi-Wask
American Slang
ISBN 3-89416043-8

R. Hanewald
More American Slang
- mehr anderes Englisch
ISBN 3-89416-257-0

P. Gysling
Canadian Slang
- das Englisch Kanadas
ISBN 3-89416-307-0

REISE KNOW-HOW Verlag Peter Rump GmbH, Bielefeld

Reise Know-How

Reiseführer für die Staaten

USA / Canada
788 Seiten
Karten, Fotos, Infos
ISBN 3-89662-170-X

USA Südwesten Natur & Wandern
620 Seiten
Karten, Fotos, Infos
ISBN 3-89662-169-6

USA – der ganze Westen
716 Seiten
Karten, Fotos, Infos
ISBN 3-89662-182-3

Kalifornien und der Südwesten der USA
ca. 600 Seiten
Karten, Fotos, Infos
ISBN 3-89662-178-5

Canadas großer Westen – mit Alaska
716 Seiten
Karten, Fotos, Infos
ISBN 3-89662-180-7

Canadas Osten USA Nordosten
716 Seiten
Karten, Fotos, Infos
ISBN 3-89662-167-X

REISE KNOW-HOW Dr. Hans Grundmann GmbH, Westerstede

Register

Auf den folgenden Seiten findet Ihr ein alphabetisch geordnetes Verzeichnis der meisten Begriffe, die in diesem Buch vorkommen. Es soll dem behilflich sein, der ein Wort in irgendeinem Zusammenhang gehört hat, aber nicht weiß, was es bedeutet. Hinter jedem Wort steht die Seite, auf der der Begriff auftaucht.

A

B

D

E

F

G

L

M

Q

R

S

T

U, V

W

X, Y

Z

Die Autorinnen

Anette Linnemann, Jahrgang 1961, wohnt in der Nähe von San Francisco. Sie hat Literatur und Pädagogik in Oregon und Berkeley (Kalifornien) studiert. Ihr besonderes Interesse an Deutschland und der deutschen Sprache führt sie auf ihre Vorfahren zurück, die aus Deutschland einwanderten. Jetzt fördert sie die Deutsch-Amerikanische Freundschaft durch die Ehe mit ihrem deutschen Mann. Der tägliche Gebrauch von Slang (und dieses Buches) ist eine unentbehrliche Grundlage ihrer Beziehung.

Renate Georgi-Wask wurde 1952 in Münstereifel geboren. Als Fünfjährige wanderte sie mit ihren Eltern nach Amerika aus und wuchs in New York auf, wo sie auch zur Schule ging. Nach fünf Jahren kehrte die Familie nach Deutschland zurück, wo Renate erst einmal wieder Deutsch lernen musste. Später studierte sie Englisch und Geographie, war Fremdenführerin und unterrichtete von 1980 bis 1998 Englisch am Kolleg in Bielefeld. Von 1987 bis 1990 reiste sie um die Welt und lebte u. a. in Kalifornien und Südostasien. Zur Zeit lebt sie in Südspanien, wo sie an der Deutschen Schule in Malaga unterrichtet.